W0298134

Armin Täubner

RAUF UND RUNTER

Fensterbilder mit Balken, Stangen, Pfosten

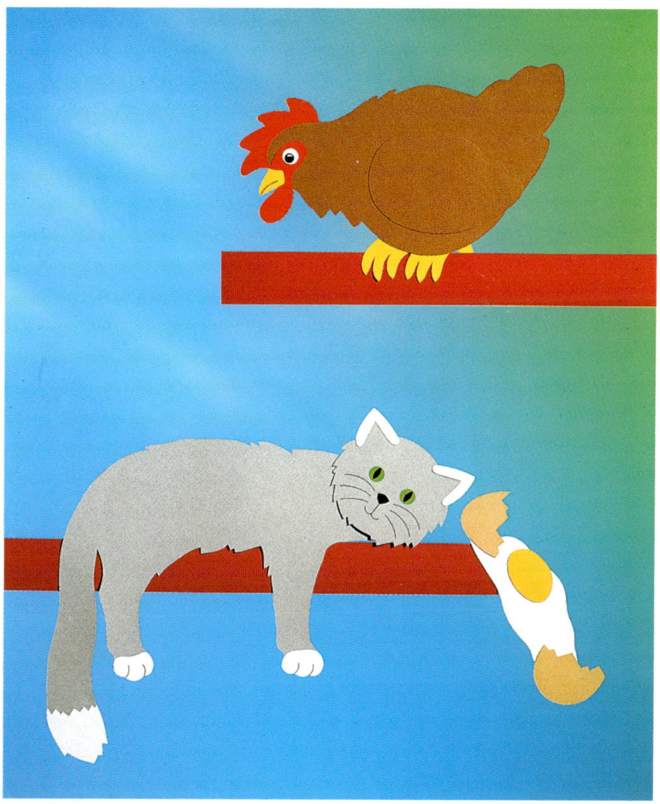

frechverlag

VON ARMIN TÄUBNER SIND IM FRECHVERLAG ZAHLREICHE WEITERE BÜCHER ERSCHIENEN. HIER EINE AUSWAHL:

TOPP 2461

TOPP 2412

TOPP 2217

TOPP 2129

TOPP 2257

TOPP 2406

Fotos: frechverlag GmbH + Co. Druck KG, 70499 Stuttgart;
Fotostudio Täubner

Dieses Buch enthält:
2 Vorlagenbogen

Auflage: 5. 4. 3. 2. 1. | Letzte Zahlen
Jahr: 2003 2002 2001 2000 1999 | maßgebend

frechverlag GmbH + Co. Druck KG, 70499 Stuttgart

ISBN 3-7724-2455-4 · Best.-Nr. 2455
Druck: frechverlag GmbH + Co. Druck KG, 70499 Stuttgart

PFOSTEN, BALKEN UND STANGEN

… sind das Leitthema dieses Buches. An ihnen geht es rauf und runter und hin und her. Mäxchen hat seine Schaukel an einem Balken aufgehängt. Ein Spaniel und zwei Katzen haben sich Balken für ihr Mittagsschläfchen ausgesucht. Ein Schwarzspechtpaar bearbeitet ausgiebig einen Pfosten. Zwischen dicken Pfeilern spannen sich Hängematten, in denen Nilpferde dösen. Im Hühnerstall passiert ein Missgeschick. Teddy hat Pech beim Klettern und Struppi erfährt das Neueste aus der Hundewelt. Eichhörnchen veranstalten ein Wettklettern und auch zwei Schlangen wollen hoch hinaus. Holen Sie sich mit diesen humorvollen Fensterbildern gute Stimmung ins Haus.

ARBEITSSCHRITTE

1.

Pausen Sie die Motivteile nebeneinander mit Bleistift auf Transparentpapier oder Architektenpapier ab und kleben Sie das Transparentpapier auf einen dünnen Karton.

2.

Nun werden die Motivteile mit Schere oder Cutter ausgeschnitten. Achten Sie beim Arbeiten mit dem Cutter auf eine geeignete Schneideunterlage. Die ausgeschnittenen Teile sind Ihre Schablonen.

3.

Übertragen Sie die Umrisse der Schablonen in der benötigten Anzahl auf Tonkarton bzw. Regenbogen-Tonkarton.

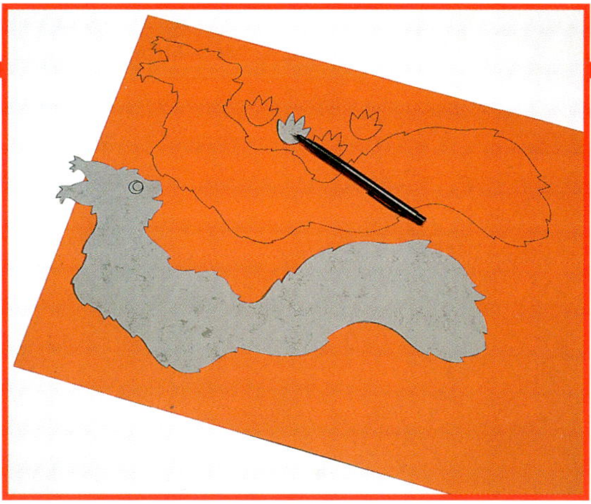

4.

Schneiden Sie die Motivteile aus.

5.

Es folgt das Zusammenkleben der Teile. Als Augen werden schwarze, gelbe und weiße Klebepunkte (ø 8, 12 und 18 mm) aus dem Fachhandel verwendet. Mit einem weißen Lackstift o. Ä. können Sie noch Lichtreflexe auf die schwarzen Pupillen malen.

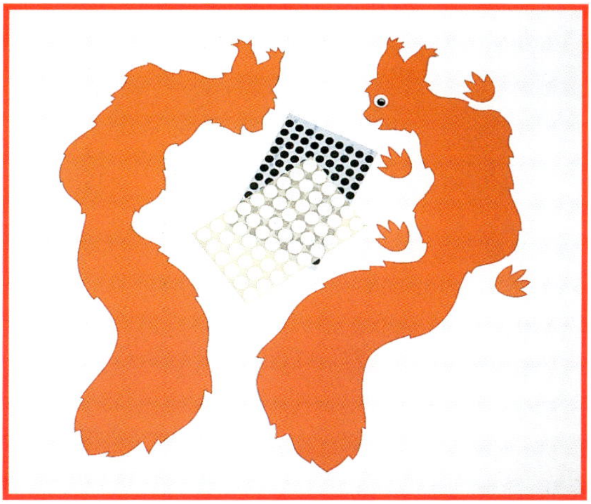

ICH GLAUBE, DU HAST

Am Hühnerrumpf wird zuerst das rote Kamm-Kehlkopfteil und dann der Schnabel befestigt. Bringen Sie die Klebepunktaugen (ø 8 und 12 mm) an. Eine schwarze Filzstiftlinie trennt die Schnabelhälften. Nun werden Flügel und Beine angeklebt. Anschließend kleben Sie die Hühner auf zwei 50 cm x 4 cm große Tonkartonstreifen.

ETWAS VERLOREN

Gesamt-
motivhöhe:
ca. 50 cm

DUMM GELAUFEN

**Gesamt-
motivhöhe:
ca. 50 cm**

Am Kopf werden das weiße Schnauzenteil, die Klebepunktaugen (ø 8 und 12 mm) und die Ohrinnenflächen angebracht.

Auf den braunen Rumpf kleben Sie den weißen Brust-Bauchfleck und die ebenfalls weißen Sohlen. Der Bärenrumpf wird von hinten am Tonkartonstreifen (50 cm x 5 cm) befestigt. Den Kopf und die beiden Tatzen kleben Sie von vorne auf den Kartonstreifen. Die Bausteine können Sie in beliebigen Farben ausschneiden und auf einen weiteren Tonkartonstreifen kleben.

ICH BIN DER GRÖSSTE!

Gesamtmotivhöhe: ca. 56 cm

Am Kopf werden Haarschopf, Mütze und Klebepunktaugen (ø 8 und 12 mm) angebracht. Malen Sie das Gesicht auf. Am Pullover wird von vorne der Kopf und von hinten die Hose samt Schuhen befestigt. Stellen Sie den Jungen auf den Schemel. Nun werden von vorne der gelbe Tonkartonstreifen (50 cm x 4 cm) und die Hände angebracht. Der Ball aus gepunktetem Tonkarton hat einen Durchmesser von 8 cm, der untere Tonkartonstreifen ist 6 cm x 50 cm groß.

Auf das große, graue Nilpferdteil (durchgezogene Linie) kleben Sie das bohnenförmige Schnauzenteil und die Badehose aus gepunktetem Tonkarton (gestrichelte Linie). Nun werden die Klebepunktaugen (ø 8 mm) angebracht. Mit einem feinen, schwarzen Filzstift malen Sie die Pupillen, die Nüstern und die Trennlinien zwischen Rumpf und Vorderbeinen auf. Kleben Sie noch die Füße an. Nun werden die Nilpferde auf einen 50 cm x 2,5 cm großen Tonkartonstreifen geklebt. Auf ihn wird auch der Riss gemalt.

KNACKEN GEHÖRT?

Gesamt-
motivhöhe:
ca. 14 cm

SIESTA ÜBER KAKTEEN

Legen Sie Schnuffi zuerst das mit roten Klebepunkten (ø 12 mm) verzierte Halsband an. Es folgen das Vorderbein, die Nase, die dunklen Fellflecken und schließlich das Schlappohr. Malen Sie noch das geschlossene Auge auf. Nun kann Schnuffi seinen Mittagsschlaf auf dem Balken (50 cm x 5 cm) halten. Die Kakteenblüten werden mit der Zackenschere ausgeschnitten und mit roten Klebepunkten (ø 12 mm) verziert. Malen Sie noch die Kakteenstachel auf.

Gesamtmotivhöhe: ca. 45 cm

GLEICH BIN ICH OBEN

Gesamtmotivhöhe: ca. 50 cm

Am Kopf werden die schwarzen Ohrenränder und das Näschen angebracht. Es folgen die grünen Klebepunktaugen (ø 12 mm), auf die die schwarzen Pupillen aufgeklebt werden. Dann malen Sie die Barthaare und das Mäulchen auf. Befestigen Sie den Rumpf von hinten am roten Tonkartonstreifen (50 cm x 5 cm). Von vorne werden der Kopf und die schwarzen Pfoten angebracht.

SCHWARZSPECHTPAAR

Gesamtmotivhöhe: ca. 50 cm

Auf den schwarzen Spechtkörper kleben Sie zuerst den Schnabel. Es folgen die rote Kopfhaube, Auge (Klebepunkte, ø 8 mm und 12 mm), Flügel und Fuß. Die Trennlinie zwischen den Schnabelhälften und das Nasenloch werden mit einem schwarzen Filzstift aufgemalt. Nun kann das Spechtpaar den Tonkartonstreifen (50 cm x 5 cm) mit den Schnäbeln bearbeiten.

FLINKE EICHHÖRNCHEN

Gesamt-motivhöhe: ca. 80 cm

Beide Eichhörnchen sind identisch. Sie werden entweder von vorne oder von hinten an die Tonkartonstreifen (50 bzw. 80 cm x 4 cm) geklebt. Der Fuß wird viermal ausgeschnitten und jeweils zur Hälfte auf den Tonkartonstreifen und auf den Rumpf geklebt.

GUTEN APPETIT

Gesamtmotivhöhe: ca. 45 cm

Sämtliche Teile bis auf die beiden Tonkartonstreifen (50 cm x 4 cm) und die Augen werden aus Regenbogen-Tonkarton ausgeschnitten.
Auf den hellen Schneckenkörper (durchgezogene Linie) werden die dunklen, kleinen Teile (gestrichelte Linien) geklebt.
Nun bringen Sie die Klebepunktaugen (ø 8 und 12 mm) an und malen mit einem schwarzen Filzstift Mund und Nase auf.

ENG UMSCHLUNGEN (Abbildung auf Seite 20)

Schneiden Sie Kopf und Rumpf aus Regenbogen-Tonkarton aus. Der Kopf wird am Rumpf befestigt. Kleben Sie Augen (Klebepunkte, ø 12 und 18 mm), Mund und Zunge auf. Schwarze Filzstiftlinien deuten die Windungen des Rumpfes an. Dann kleben Sie die Schlangen auf die Tonkartonstreifen (50 cm x 2,5 cm).

WIR HABEN HUNGER! (Abbildung auf Seite 21)

Kleben Sie die Augen (Klebepunkte, ø 12 und 18 mm) und den Mund auf den Raupenkopf. An den Fühlerenden wird jeweils ein Tonkartonpunkt angebracht. Nun kann der Kopf am einteiligen Rumpf befestigt werden. Unterteilen Sie den Rumpf mit schwarzen Filzstiftlinien.

MÄXCHEN AUF DER SCHAUKEL

Auf das Kopfteil kleben Sie den blonden Haarschopf und die Klebepunktaugen (ø 12 mm). Nun wird das Gesicht aufgemalt. Am gepunkteten Pullover werden der Hemdkragen und der Kopf angebracht. Von hinten befestigen Sie die Hose samt Schuhen. Setzen Sie Mäxchen auf die Schaukel. Am Schaukelbrett und an den Ärmeln werden die Schaukelseile (50 cm x 0,8 cm) befestigt, bevor abschließend die bemalten Hände aufgeklebt werden. Nun kann die Schaukel samt Mäxchen am Balken (50 cm x 5 cm) angebracht werden.

Gesamtmotivhöhe: ca. 60 cm

ENG UMSCHLUNGEN (Anleitung auf Seite 18)

WIR HABEN HUNGER!

Motivhöhe:
ca. 12 cm und
ca. 15 cm

(Anleitung auf Seite 18)

OB DIE HÄNGEMATTEN

DAS WOHL AUSHALTEN?

Auf das große, graue Kopfteil wird das halbkreisförmige, rote Mundteil und das bohnenförmige Schnauzenteil geklebt. Bringen Sie die Klebepunktaugen (ø 8 mm) an und malen Sie mit einem schwarzen Filzstift die Pupillen und die Nüstern auf. Nun wird der Nilpferdrumpf von hinten an die Hängematte geklebt und von vorne der Kopf befestigt. Fixieren Sie die Hängematte samt Knoten zwischen zwei roten Tonkartonstreifen (50 cm x 3 cm).

BUNTE PIEPMÄTZE

Schneiden Sie die Vögel aus Regenbogen-Tonkarton aus. Die Augen sind Klebepunkte (ø 8 und 12 mm). Die Tonkartonstreifen sind 50 cm lang und 5 cm breit.

Gesamtmotivhöhe: ca. 26 cm

Gesamtmotivhöhe: ca. 50 cm

Kleben Sie auf die große, dunkelbraune Eulenform (durchgezogene Linie: fliegende Eule; gepunktete Linie: sitzende Eule) das hellbraune Rumpfteil (gestrichelte Linie). Die Augen sind gelbe und schwarze Klebepunkte (ø 12 und 18 mm). Dazwischen wird der gelbe Schnabel angebracht.

Für die Eulenhöhle zeichnen Sie mit dem Zirkel auf den Tonkartonstreifen (50 cm x 16 cm) einen Kreis mit dem Radius 5,5 cm und schneiden die Öffnung mit dem Cutter heraus.
Auf dem zweiten Kartonstreifen (25 cm x 4 cm) sitzt die dritte Eule.

WAS GIBT'S NEUES?

Gesamtmotivhöhe: ca. 50 cm

Die „Schrift“ der „Hundezeitung“ wird mit Wasserfarben aufgemalt. Beide Tonkartonstreifen sind 50 cm x 5 cm groß.

Sie können anstelle von Kartonstreifen auch Fenstersprossen in die Gestaltung integrieren (siehe Seite 29).

BLACKY HEBT DAS BEIN

SCHLAFEN UND FAULENZEN

Das Katzengesicht wird leicht mit Bleistift vorgezeichnet: zuerst die Nase, dann Augen und Mund, die Schnurrhaare zum Schluss. Nun ziehen Sie die Linien mit einem schwarzen Filzstift nach. Auf die grünen Klebepunktaugen (ø 12 mm) werden die schwarzen, schlitzförmigen Pupillen geklebt. Die Katzen machen es sich dann auf dem 50 cm x 3 cm großen Tonkartonstreifen bequem.

Gesamt-
motivhöhe:
ca. 40 cm

DIE ABLÖSUNG NAHT

Gesamt-motivhöhe: ca. 50 cm

Schneiden Sie die Vögel und das Nest aus Regenbogen-Tonkarton aus. Die Augen sind schwarze und weiße Klebepunkte (ø 8 mm und 12 mm). Eine schwarze Filzstiftlinie trennt die beiden Schnabelhälften. Kleben Sie das Nest mit dem brütenden Vogel auf einen Tonkartonstreifen (50 cm x 5 cm).